COMMENT SE TERMINERA

LA

QUESTION SOCIALE

NOUVELLE ÉTUDE PRATIQUE

SUR LE RELÈVEMENT SOCIAL DES CLASSES LABORIEUSES

par

MAYER-EBSTEIN

Membre du Comité de la Société de patronage des condamnés libérés du département
de Saône-et-Loire, l'un de ses trois fondateurs,
Membre de la Société des Sauveteurs médaillés du même département,
Membre d'honneur de la Société des Sauveteurs médaillés de la Loire, etc.

> L'Économie sociale s'élève
> avec tant de hauteur qu'elle
> se confond avec la Morale
> universelle.
> EDMOND ABOUT.

Prix : 2 francs.

PARIS

CALMANN LÉVY, ÉDITEUR

15, BOULEVARD DES ITALIENS, 15

A LA LIBRAIRIE NOUVELLE

Et chez l'Auteur à Chalon-sur-Saône

1893

COMMENT SE TERMINERA

LA

QUESTION SOCIALE

NOUVELLE ÉTUDE PRATIQUE
SUR LE RELÈVEMENT SOCIAL DES CLASSES LABORIEUSES

par

MAYER-EBSTEIN

Membre du Comité de la Société de patronage des condamnés libérés du département
de Saône-et-Loire, l'un de ses trois fondateurs,
Membre de la Société des Sauveteurs médaillés du même département,
Membre d'honneur de la Société des Sauveteurs médaillés de la Loire, etc.

> L'Économie sociale s'élève
> avec tant de hauteur qu'elle
> se confond avec la Morale
> universelle.
> EDMOND ABOUT.

Prix : 2 francs.

PARIS

CALMANN LÉVY, ÉDITEUR

15, BOULEVARD DES ITALIENS, 15
A LA LIBRAIRIE NOUVELLE

1893

PRÉFACE

Comment se terminera la Question sociale? Tel est le problème que, depuis longtemps, cherchent à résoudre nombre d'humanistes distingués, de philosophes, de philanthropes et de citoyens ayant en vue l'amélioration des classes laborieuses.

L'Étude que nous présentons aujourd'hui au lecteur est le développement de celle que nous avons fait paraître en 1885, sous le titre d'*Étude pratique sur le relèvement social des classes laborieuses*.

La tâche que nous avons entreprise consiste à démontrer la possibilité de faire avancer d'un pas la solution de cette Question sociale qui intéresse à un si haut point la génération de la fin du XIX° siècle. Nous avons été encouragé à persévérer dans cette voie par un grand nombre de personnes, de Sociétés de secours mutuels, et plus particulièrement par la Chambre syndicale des entrepreneurs de la ville de Paris et du département de la Seine (industrie et bâtiment) dont nous extrayons les passages suivants d'un rapport qui parut dans son organe, l'*Écho des Chambres syndicales de la Ville de Paris et du département de la Seine*, janvier-février 1885 :

RAPPORT de M. Gauthier, chargé par le Conseil d'administration d'examiner la brochure de M. Mayer-Ebstein, sur l'Étude du relèvement social des classes laborieuses.

M. le Président. — Vous vous rappelez que vous avez chargé M. Gauthier, vice-président de la Chambre de couverture et plomberie, d'examiner la brochure de M. Mayer-Ebstein et de rédiger un rapport.

M. Gauthier m'a fait parvenir le document suivant :

« Messieurs et chers Collègues,

» Dans la dernière réunion, vous m'avez chargé de faire un
» rapport sur la brochure adressée à notre groupe, intitulée :
» *Étude pratique sur le relèvement social des classes labo-*
» *rieuses*. Je viens vous rendre compte du résultat de mon
» examen et analyser cette brochure.

» L'auteur, M. Mayer-Ebstein, a pour objectif le relève-
» ment de la classe ouvrière par le travail, l'économie et la
» solidarité *qui réunissent le riche et le pauvre, le patron*
» *à l'ouvrier*. M. Mayer-Ebstein se rencontre avec nous, ses
» idées sont de celles qui nous sont chères : l'amélioration du
» sort de l'ouvrier est une question toujours à l'ordre du jour
» dans nos syndicats ; nos fondations les plus intéressantes,
» les récompenses que nous distribuons s'y rattachent direc-
» tement. L'auteur n'est pas un utopiste ; il ne se présente
» pas avec un système devant bouleverser le monde et res-
» susciter l'âge d'or sans peine et sans travail ; non, il exa-
» mine les conditions d'existence de l'ouvrier ; il recherche
» dans les institutions actuelles les principes de l'organisation
» qu'il voudrait établir. Il est, de plus, un indépendant, car
» il voudrait que ces institutions de prévoyance fonctionnent
» en dehors de la sphère gouvernementale, afin de ne point
» tomber dans le socialisme d'État, qui énerve les Sociétés,
» en habituant les hommes à compter sur une direction, au
» lieu de ne compter que sur eux-mêmes.

. . . .

» Il y a dans ce document des idées saines et justes qui
» pourraient avoir les plus heureuses conséquences. L'auteur
» de cette brochure ne poursuit pas une chimère, son idée
» est réalisable. Des brochures comme celle de M. Mayer-
» Ebstein peuvent aider aux solutions recherchées par nos
» syndicats, nous ne pouvons qu'applaudir à ses idées en lui
» envoyant des remerciements pour cette brochure. »

Que toutes ces personnes et Sociétés reçoivent nos
remerciements les plus sincères en même temps que
l'assurance d'une sympathie que savent seuls faire
naître les hommes de cœur et de grand talent !

MAYER-EBSTEIN.

Chalon-sur-Saône, mars 1893.

TABLE DES MATIÈRES

XX

XXI

XXII

XXIII

COMMENT SE TERMINERA

LA

QUESTION SOCIALE

> Croyez à une loi suprême de raison
> et d'amour qui embrasse le monde
> et l'explique. Croyez au bien ; le
> bien est aussi réel que le mal, et
> seul il fonde quelque chose ; le mal
> est stérile. RENAN.

I

Exposé sur la Mutualité. — Terrain sur lequel s'appuie cette
œuvre. — De la Solidarité.

Veuillez permettre à un de vos compatriotes d'exposer les vœux qu'il forme en faveur du développement de la mutualité.

Ce n'est pas un plan de réforme sociale qu'il vous propose, ce qu'il veut et souhaite surtout, c'est que ses modestes idées, s'ajoutant à celles de tant d'autres, contribuent pour leur part au relèvement économique et social des classes laborieuses.

Certes, si la tâche paraît ardue, ingrate même, elle n'en est pas moins réalisable.

Chacun apportant avec soi sa volonté, le résultat de ses observations ou de ses études personnelles, il sera aisé d'arriver au but.

Sur ce point, rien n'y peut mieux conduire que la solidarité dont les Sociétés de secours mutuels sont un exemple.

Plus les Congrès comme ceux de Lyon se multiplieront et plus les résultats seront aisés à constater. Déjà on peut voir au sein de nos Sociétés des hommes de bonne volonté donnant l'exemple du dévouement, de l'abnégation, et recherchant tous les moyens d'être utiles à leurs semblables.

Aujourd'hui ces hommes-là sont moins rares qu'autrefois. Tous possèdent le sentiment de cette force individuelle qui repose sur la justice ; ce sont eux qui nous donnent le courage de poursuivre la lutte engagée contre certaines théories malsaines, en vertu desquelles on croyait autrefois le relèvement moral de l'ouvrier peu compatible avec le travail manuel auquel il est destiné.

Nous sommes convaincus, maintenant, que si l'on avait su développer chez l'ouvrier les qualités du cœur à côté de celles de l'intelligence, que si l'on n'avait faussé son jugement, il eût mieux compris la portée du mot *Progrès*, synonyme de prospérité.

L'humanité possède une conscience véritable, c'est pourquoi il ne faut pas désespérer d'elle. C'est bien elle qui fait aimer la vertu de préférence au vice, le bien de préférence au mal. C'est de cette étincelle généreuse, développée, que jailliront du cœur de l'homme : vertu, progrès, honnêteté, amour du bien, du beau, du grand.

Voilà aussi le véritable terrain sur lequel il nous faut jeter les fondements de cette œuvre. Élevons pour cela nos intelligences de façon à pouvoir embrasser d'un seul coup d'œil tout l'ensemble de cette machine sociale, aux rouages compliqués et quelque peu usés par les services rendus.

Cet engrenage que nous appelons ici solidarité, cet engrenage qui unit le riche au pauvre, le patron à l'ouvrier, le propriétaire au fermier, est digne d'être étudié de très près. Il résultera de cet examen qu'on ne peut modifier aucun rouage de cette machine sociale si on ne tient pas compte du sentiment de solidarité. *Rien par conséquent ne peut être fait de durable sans esprit de solidarité.* C'est parce qu'on a trop négligé d'en tenir compte que tous les efforts sont restés impuissants et que l'instruction donnée au peuple des villes ou des campagnes n'est pas en harmonie avec nos progrès industriels ou agricoles de ce siècle. Elle est devenue trop peu pratique pour être restée trop théorique. On objectera peut-être que nos ressources budgétaires ne permettraient pas le développement simultané des deux enseignements ; j'ose affirmer le contraire. Mais comme cette question nous mènerait trop loin, nous prions le lecteur de bien vouloir nous suivre sur le chapitre des Sociétés de secours mutuels.

II

Motifs pour lesquels les ouvriers et employés ont créé
des Associations.

Le besoin de solidarité est tellement inné chez les
hommes que, de tout temps, ils ont reconnu la néces-
sité de se grouper. C'est donc d'abord pour ce motif
naturel, ensuite pour d'autres causes que nous exa-
minerons en temps et lieux, que l'ouvrier a créé des
associations. Du reste, il n'y a pas à s'y méprendre :
ce que veut la classe laborieuse, avec ses Syndicats,
ses Sociétés coopératives, ses Sociétés de secours
mutuels et ses Caisses de retraites, c'est le triomphe
du socialisme individuel. Les travailleurs ne veulent
rien devoir à personne, et ils ont raison. Ils sont
une force capable de se subvenir à elle-même, et s'ils
demandent encore une chose à l'État, c'est de leur tracer la voie. Malheureusement les faux amis du peuple
sont là, trop souvent, avec leurs théories erronées,
leurs phrases redondantes, leurs promesses aussi allé-
chantes que mensongères pour faire dévier l'ouvrier
de sa voie. Combien ne désertent-ils pas les Sociétés
de secours mutuels pour entrer dans certaines associations faites de haine contre le patron et le capital !...
Pour toutes ces raisons, ne semblerait-il pas que

les Sociétés de secours mutuels soient le berceau même de la solidarité ?

Le nom de ces associations l'indique du reste suffisamment : elles ont pour but de soulager leurs membres en cas de maladie ou d'incapacité de travail. C'est plaisir que d'assister à l'une de ces réunions. Tandis que quelques membres questionnent leur président sur le fonctionnement de la Caisse des retraites, les autres l'interrogent sur la formation des Sociétés coopératives de consommation. Quelquefois la critique se fait jour, mais le plus souvent les camarades rient de l'exagération des idées émises, et tout se termine par un banquet annuel où ne cessent de régner la gaieté et la concorde. Jamais du reste la presse n'a eu à enregistrer aucune scène de désordre à la suite de ces agapes fraternelles.

Quoi qu'il en soit, l'utilité des Sociétés de secours mutuels nous paraît suffisamment démontrée ; nous nous permettrons cependant de revenir sur ce sujet aux chapitres suivants, car, ne l'oublions pas, cette solidarité qui fait la base de ces associations est bien l'engrenage sur lequel pivote et se déroule le développement de notre thèse sociale.

III

Services que rendent les Sociétés de secours mutuels. —
Quelques exemples.

A présent que l'utilité des Sociétés de secours
mutuels a été admise par nos lecteurs, nous allons examiner, en citant des exemples, quels bienfaits matériels
et moraux en découlent.

Dans une Société de secours mutuels, *quelques
centaines de travailleurs mettent en commun une faible
partie de leurs épargnes, et le capital ainsi créé appar-
tient à ceux des associés désignés par le malheur*[1].
Mais ce n'est pas seulement l'argent que les sociétaires
mettent en commun, ce sont aussi leurs forces et
leurs services.

Il n'est pas rare en effet de rencontrer dans la cam-
pagne trente à quarante cultivateurs travaillant au
milieu d'un champ. Ces paysans sont des sociétaires
qui viennent soulager un des leurs empêché par la
maladie de travailler lui-même. D'autres fois, c'est la
vigne ou le champ d'un sociétaire défunt que cultivent
ses confrères pour le compte de la veuve et des orphe-
lins qu'il a laissés.

---

1. Edmond About, *A B C du Travailleur*, page 309.

Comme on le voit, les exemples de solidarité ne manquent pas; il serait facile d'en augmenter le nombre. Nous demanderons au lecteur la permission d'en citer encore.

Il n'y a pas si longtemps qu'une Société de secours mutuels [1], désirant former un fonds de retraite, vota à l'unanimité la suppression du banquet annuel, se réservant de disposer de cette somme en faveur de ladite caisse.

Voilà pour les résultats matériels; quant aux résultats moraux, nous les dépeindrons d'un seul trait dans le récit qu'on va lire.

Un ouvrier d'une inconduite notoire est appelé au siège de la Société de secours mutuels. Ignorant le motif de sa convocation, quoique le pressentant vaguement, il se présente, assez timide, devant le président et le secrétaire réunis. Une fois en présence de ces deux hommes, il lui faut essuyer les reproches bien mérités que tous deux lui adressent sur sa conduite peu exemplaire : « On l'a vu à plusieurs reprises en état d'ébriété ; sa famille souffre et pleure, puis bientôt tombera dans la misère s'il ne revient à de meilleurs sentiments, et du reste se comporter ainsi, est-ce faire honneur à la Société dont il est membre? Que penserait-on de celle-ci, si tous ceux qui y adhèrent suivaient le même exemple ? Il faut se démettre ou changer de conduite. »

Alors il arrive bien souvent que cet homme, d'ordi-

---

1. Société de secours mutuels de Chagny (Saône-et-Loire).

naire rebelle à toute remontrance comme à toute ob-
servation, promet de suivre les bons conseils qu'on
lui donne et tient parole. Son cœur a été touché, son
orgueil d'homme piqué au vif ; bien certainement il
ne recommencera plus, car il serait couvert de honte,
si jamais derrière lui quelqu'un pouvait dire : « Tiens,
tu vois, c'est un tel, celui que son inconduite a fait
chasser de la Société. »

IV

De la possibilité de secourir les ouvriers faisant partie d'une Société
de secours mutuels en dehors du siège de leur Société.

Ces différents résultats sont déjà un bel avoir à l'actif de ces Sociétés ; il nous reste à parler maintenant des associations de présidents des Sociétés de secours mutuels qui fonctionnent d'une façon admirable dans bien des villes, entre autres à Lyon, Marseille et Chalon-sur-Saône.

Tous ces présidents se réunissent et recherchent ensemble les améliorations à apporter à la mutualité. Aussitôt que l'un d'eux a pu constater un résultat heureux, il en fait part à ses collègues, et ainsi de toute transformation comme de toute réforme nouvelle.

Ces Sociétés suivent les principes de Le Play [1]. Cet homme de bien connaissait à fond l'organisation du travail et celle de la famille par rapport à la prospérité d'un État.

Les *Unions de la paix sociale* ont dans leur règlement un article ainsi conçu : « Tout sociétaire devra,

1. Célèbre économiste français, né au Havre en 1806, mort en 1882.

dans le courant de l'année de son admission, présenter un nouveau membre. Ainsi dix personnes admises en présentent dix autres, qui, à leur tour, en recrutent un nombre égal. » On peut donc dire que c'est grâce à ce mode de recrutement qu'une Société quelconque ne périclite pas par suite des décès ou de l'indifférence.

Il serait aussi un encouragement sérieux pour le comité d'une Société, lorsqu'il verrait prospérer l'œuvre à laquelle il consacre son temps et ses peines.

La *Société d'études sociales* de Le Play se recrute comme nous venons de le dire, mais chaque année elle se réunit par régions, ce qui permet à tous les membres de l'œuvre d'échanger leurs opinions, de se communiquer réciproquement leurs projets et de faire la connaissance de philanthropes distingués.

Comme elle, les présidents de Sociétés de secours mutuels pourraient se réunir par régions, ce qui leur permettrait d'établir des statuts en vertu desquels on pourrait secourir les sociétaires en dehors du siège de la Société. Pour cela il serait facile d'établir des livrets munis de quelques feuilles à souches où seraient inscrits les secours auxquels ces sociétaires ont droit. Le président, le secrétaire et le visiteur n'auraient qu'à signer ces feuilles et à les faire parvenir au comité de la Société correspondante pour en être crédité.

Pour qu'une Société étrangère à la localité soit admise à la correspondance , les présidents n'auraient qu'à se communiquer chaque année l'état de leurs budgets respectifs. Selon qu'ils les trouveraient satisfaisants ou non , ils voteraient l'admission ou non.

Donc, lorsqu'un ouvrier malade ne se sentira plus abandonné, il aura plus de confiance en lui-même ; il ne se laissera pas abattre par l'adversité, et ses sentiments de haine contre la société en seront atténués d'autant.

V

Critique sur le mode d'emploi des fonds de la Mutualité
et des Caisses de retraite.

Les ressources des Sociétés de secours mutuels
sont généralement bien faibles ; cela vient de ce que
ces Sociétés veulent faire marcher de front et leur
caisse de secours et leur caisse de retraite. Une économie est-elle réalisée d'un côté, vite on s'empresse
de s'en dessaisir au profit de l'autre, et, qu'arrive-t-il
alors le plus souvent? C'est que ces Sociétés ne possèdent pas le capital qui attache l'homme à une œuvre
quelconque ; des tiraillements et des difficultés surgis-
sent quand il faut se procurer des médecins et des
médicaments à bon marché[1] ; les intérêts réciproques
en souffrent, et ces Sociétés ne peuvent plus réaliser
complètement leur but.

Les municipalités devraient mieux comprendre quels
services ces Sociétés rendent au budget de l'Assistance
publique. Quelques-unes, cependant, commencent à
leur voter des subventions ; si les autres ne suivent
pas cet exemple, c'est le plus souvent par la raison

1. Lire les journaux qui sont les organes des Sociétés de secours mutuels.

que les conseils municipaux n'aiment pas voir passer
les crédits qu'ils votent, dans les coffres si impopu-
laires de la Caisse des dépôts et consignations.

Si l'on songe que, sur une population de vingt-cinq
mille âmes, le budget de l'assistance publique s'élève
en moyenne à 100,000 fr. il est facile de comprendre
qu'il y aurait un plus grand avantage de part et
d'autre à intéresser à la diminution de ce budget les
Sociétés de secours mutuels qu'à étendre cette plaie de
l'assistance publique au détriment de la population
travailleuse et économe.

VI

Classement des désirs exprimés par les classes ouvrières, indus-
trielles et agricoles. — Leur accord.

Nous avons constaté le peu de cohésion de la mutualité, nous constaterons maintenant le manque de
classement des désirs exprimés par les ouvriers, les
agriculteurs et les industriels, et nous essayerons d'y
porter remède.

Quels sont donc ces désirs ?

La classe ouvrière demande :

1° La création d'une institution nouvelle qui lui
permette de mieux garantir ses vieux jours contre la
misère ;

2° La possibilité pour un ouvrier de verser plus facilement à la Caisse des retraites partout où il se
trouve ;

3° L'institution d'honorables maisons de retraite
pour la vieillesse ;

4° La protection de son travail manuel contre l'en-
vahissement de celui des étrangers qui viennent travailler en France ;

5° L'encouragement des enfants dans leur apprentissage ;

6° Que lorsqu'un ouvrier parcourt la France, on ne le prenne pas pour un vagabond et on ne l'arrête pas comme tel ;

7° Enfin la protection de l'enfance.

Les industriels demandent :

1° L'extension de la Caisse des retraites pour encourager au travail leur personnel ;

2° La faculté de montrer à leurs ouvriers une perspective de bien-être pour leurs vieux jours ;

3° Les moyens de pouvoir former les contremaîtres qui leur manquent aujourd'hui, en encourageant la stabilité des ouvriers ;

4° La création d'une institution qui faciliterait le recrutement d'un personnel honnête et laborieux, afin qu'ils puissent s'absenter quelquefois et se rendre compte, à l'étranger, des progrès accomplis dans leur industrie.

Les agriculteurs à leur tour demandent :

1° L'institution d'un Crédit agricole ;

2° L'extension des Syndicats ;

3° La facilité d'acquérir la terre pour celui qui la cultive.

VII

De l'obligation de créer en faveur des ouvriers et employés une
nouvelle institution mieux en rapport avec leurs désirs.

Malgré toute la dissemblance qui paraît régner dans
les désirs que nous venons d'exposer une véritable
solidarité les relie. Il n'a manqué jusqu'à ce jour,
pour rendre cette solidarité possible, que la création
d'une institution qui démontrera clairement à l'ouvrier
qu'il n'aura rien à redouter de la misère dans ses vieux
jours; qu'il sera apprécié de son patron, de tous ceux
avec lesquels il est en contact, s'il veut suivre la voie
que nous allons lui tracer.

VIII

Des Emprunts. — De la création d'un nouveau titre
de rentes.

Lorsque l'État, le Crédit Foncier ou autres institutions font un appel aux capitaux, ils se gardent bien de dire aux capitalistes : Nous allons faire un emprunt de telle somme, à raison de 500 fr. par action payables au comptant. En agissant ainsi les emprunts risqueraient de ne pas être couverts : on procède d'une tout autre manière et l'on dit : Nous avons besoin de tant de millions de capitaux, que nous partagerons par telle quantité d'actions ou d'obligations de 500 fr. Les souscripteurs auront à payer 50 fr. en souscrivant, et le reste, par petites sommes assez échelonnées pour leur donner le temps de se procurer le capital qu'ils se sont engagés à nous verser.

Puisqu'on ne peut demander à l'ouvrier des sommes aussi importantes, il serait nécessaire de lui créer un titre de rentes, payable par lui petit à petit, partout où il se trouvera et selon les moyens dont il disposera.

Celui qui connaît le caractère de l'ouvrier, celui-là sait qu'il faut lui donner quelque chose qui flatte sa vue et son amour-propre, tout à la fois. Ne trouverait-

2

on pas ce moyen dans la création d'un livret, non pas
tel que celui qui a été aboli et qui montrait chaque
jour l'infériorité sociale du travailleur, mais un livret
destiné à lui prouver qu'il pourra être rentier plus
tard, grâce à son travail, à ses économies et à sa mo-
ralité?

Date
(Timbre de la Société ou du Patron)

(Timbre du Percepteur)

Base de la retenue   Somme versée

Date
(Timbre de la Société ou du Patron)

(Timbre du Percepteur)

Base de la retenue   Somme versée

Date
(Timbre de la Société ou du Patron)

(Timbre du Percepteur)

Base de la retenue   Somme versée

CRÉDIT AGRICOLE & VIAGER

DÉPARTEMENT DE SAÔNE-ET-LOIRE
VILLE DE CHALON-SUR-SAÔNE
CAISSE DE RETRAITE
N°   Date
(Timbre de la Société ou du Patron)

(Timbre du Percepteur)

Somme versée

DÉPARTEMENT DE SAÔNE-ET-LOIRE
VILLE DE CHALON-SUR-SAÔNE
CAISSE DE RETRAITE
N°   Date
(Timbre de la Société ou du Patron)

(Timbre du Percepteur)

Somme versée

DÉPARTEMENT DE SAÔNE-ET-LOIRE
VILLE DE CHALON-SUR-SAÔNE
CAISSE DE RETRAITE
N°   Date
(Timbre de la Société ou du Patron)

(Timbre du Percepteur)

Somme versée

IX.

Création d'un Socialisme individuel.

Pour l'intelligence de ce qui va suivre, nous avons jugé bon d'intercaler le modèle de livret ci-contre.

1° L'organisation de ce livret a pour base la mise en pratique du socialisme individuel ;

2° Ce livret ne sera pas obligatoire, mais grâce aux nombreux avantages qu'il présente, il sera adopté par tous ceux qui désireront améliorer leur sort et préserver leurs vieux jours des malheurs qu'entraîne la vieillesse ;

3° Les mairies seules seront dépositaires de ce livret, dont la confection sera à la charge des communes, comme cela a lieu pour les fournitures nécessaires aux Sociétés de secours mutuels ;

4° Il sera rigoureusement interdit de mettre une mention quelconque sur les pages dudit livret, sauf celle qui constatera le versement fait par son *possesseur*, lequel versement ne pourra excéder la somme de $3\,^{0}/_{0}$ de son salaire ;

5° Les ouvriers auront la faculté d'effectuer leurs versements : soit entre les mains des comités de Sociétés de secours mutuels, soit entre celles des Syndicats, ou entre les mains des patrons. Tous les mois, lesdits comités de ces Sociétés ou les patrons devront verser entre les mains du percepteur l'argent qu'ils auront touché. Ils apposeront leur timbre sur la souche et le talon; les percepteurs feront de même, en guise de reçu, puis détacheront le coupon. Ils le remettront alors à leurs recettes des finances respectives, à l'époque de leurs versements ;

6° Les receveurs généraux centraliseront ces coupons et en opéreront le classement par départements, au moyen d'une armoire pourvue de 87 cases, puisqu'il y a 87 départements.

Ceci fait, ils créditeront le *Crédit Agricole et Viager*, dont il sera parlé plus loin, des sommes que les percepteurs auront encaissées.

X

Énumération des bienfaits du nouveau Livret. — Les services qu'il
rendra à la cause de la Paix sociale.

Il nous reste maintenant à constater les bienfaits de
notre livret et à les énumérer.

Tel qu'il est composé, ce livret rendra, on le voit,
d'inappréciables services à la cause sociale que nous
défendons. Son mécanisme est des plus simples, et sa
conception repose sur les données de l'individualisme
le plus pur, allié aux principes de l'économie sociale
et politique.

En lui aboutissent les attributions des Ministères
des Finances, — de l'Agriculture, — du Commerce et
de l'Industrie, — des Affaires étrangères, — de l'Instruction publique et des Beaux-Arts, — de l'Intérieur
et de la Justice. Ceux qui ne trouvent pas leur emploi
dans cette **véritable machine sociale**, ce sont les
Ministères de la Marine, de la Guerre et des Cultes.

Outre les avantages que nous venons d'énumérer, il
en est beaucoup d'autres dont nous parlerons au lecteur,
afin qu'il soit bien convaincu des services que rendra
notre livret à la cause de la paix sociale.

Ainsi ce livret renfermera la protection et l'encouragement au travail du jeune ouvrier; — la garantie de
la liberté individuelle telle que la définit la Déclaration

des Droits de l'homme ; — il contiendra la preuve *évidente* de la solidarité qui unit l'agriculture à l'industrie et au commerce, les ouvriers aux patrons, en un mot le travail au capital. — Il développera le sentiment de la famille, — éteindra la haine du travailleur contre le capitaliste, puisqu'il rendra l'ouvrier capitaliste lui-même. — Il facilitera la statistique des salaires pour la justification des grèves, selon que ces salaires seront plus ou moins en harmonie avec la somme de travail qu'on réclame des ouvriers dans la production.

Ce livret donnera par conséquent à l'ouvrier la véritable quiétude d'esprit qui lui manque aujourd'hui pour accomplir dignement sa tâche. Il aura de plus le mérite de pouvoir être mis en pratique sans aucun bruit, car l'essai en sera simple et peu coûteux.

Comme *le Gouvernement ne joue qu'un rôle secondaire dans ce système, une enquête bruyante ne sera pas nécessaire.*

Nous n'aurons besoin que d'un concours bienveillant et officieux de quelques hommes de bonne volonté, secondés par la nomination de délégués nommés par chacun des Ministres pour suivre l'application de notre système et en faire l'essai[1].

___

1. A ces délégués, représentant les fonctions de chacun des Ministères, on adjoindrait des ouvriers médaillés pour leurs longs et laborieux services ; — des représentants de la Chambre syndicale des Entrepreneurs de la ville de Paris et du département de la Seine ; — des Présidents de Sociétés de secours mutuels. L'essai sera concluant en moins d'une semaine si l'on veut procéder méthodiquement.

XI

L'Historien italien César Cantu. — La Famille doit être un principe de solidarité et de possession durable.

Ce livret, au sujet duquel nous nous sommes spécialement appesanti dans cet ouvrage, est caractérisé et bien défini dans ces paroles de l'historien italien César Cantu, paroles dont il est en quelque sorte l'application :

« Les coutumes et la vie privée d'un peuple donnent
» le caractère de sa vie publique. La famille doit être,
» pour le riche comme pour le pauvre, non seulement
» une école de mœurs et de bien-être, mais le prin-
» cipe de gouvernement, d'autorité, de solidarité, de
» possession durable. »

La famille doit être un principe de solidarité et de possession durable, dit l'éminent historien ; il s'agit d'envisager quels sont les liens qui rattachent actuellement le jeune ouvrier à sa famille.

XII

Des liens qui rattachent de nos jours le jeune ouvrier à sa famille. — La première journée de travail d'un jeune ouvrier. — Du Vagabondage.

Dès qu'un enfant a terminé son apprentissage, il n'a plus qu'une chose en vue, plus qu'un désir : montrer à ses parents, à ses amis, comme aussi à lui-même, qu'il est vraiment un homme. Pour cela, il quitte aussitôt le foyer paternel. Ce n'est toutefois pas sans un certain serrement de cœur qu'il prend congé de tout ce qu'il aime ! Plein de confiance en lui, il part pour la ville voisine et se met aussitôt en quête de travail. Il se présente dans un atelier, frappe au guichet pour faire sa demande d'emploi à laquelle, trop souvent, une voix sèche répond : « On n'embauche pas aujourd'hui. » Puis le guichet se referme brusquement, laissant notre jeune ouvrier sous l'impression que l'on devine.

C'est là la première leçon d'expérience qu'il reçoit de la vie. Son cœur a éprouvé quelque chose d'inconnu, il le retrouvera plus tard, c'est le premier sentiment de la haine du salarié contre celui qui le paye.

Cependant, à force de courir d'un atelier à un autre, notre ouvrier finit par trouver l'occupation cherchée. Le lendemain matin, il commence sa journée. Voyez son air peu enjoué et le sérieux avec lequel il s'acquitte de sa besogne. Certes, il est ardent au travail ; mais à cette ardeur, se mêle un fond de tristesse, c'est qu'il revoit devant lui l'image aimée de ses chers absents, c'est qu'il se souvient aussi de l'accueil qu'il a reçu la veille !

Son voisin d'atelier, en homme d'expérience !... a deviné ce qui se passe dans le cœur du jeune homme. L'esprit de solidarité le pousse à lui venir en aide ! Et l'heure du déjeuner venue, il invite son jeune camarade à le suivre à sa pension. C'est alors que commence un apprentissage d'un nouveau genre ! On déjeune : après quoi le jeune ouvrier paye sa bienvenue à tous les *copains*. Puis vient l'heure du retour à l'atelier ; l'après-midi s'écoule dans le travail : le soir vient que déjà la camaraderie du matin s'est changée en amitié. On la cimente en l'arrosant de quelques verres, grâce aux quelques pièces blanches que la maman glissa dans la poche de son fils, le jour où il partit. Le lendemain matin, c'est un petit verre qu'on absorbe encore avec les camarades, pour se donner *du cœur au ventre*. On trinque donc à nouveau et les jours s'écoulent de la sorte[1].

Puis, à un moment donné, le travail se ralentit : c'est la morte saison. On épargne moins les ouvriers nou-

---

1. La statistique des débits de boissons prouve que proportionnellement à leur surface, c'est dans les lieux fréquentés par la classe ouvrière qu'il se consomme le plus d'alcool.

veaux que les anciens¹. Quelques-uns sont congédiés tout à fait, d'autres ne sont plus occupés que la demi-journée ou chôment une partie de la semaine.

Sur la proposition d'un ancien, on part alors pour une autre ville chercher du travail. On doit quinze jours ou trois semaines de pension à son *gargotier*. Mais baste ! Cet homme se passera bien de son argent, se dit notre jeune travailleur qui ne voit en ceci qu'une chose, celle d'avoir *posé un lapin à son gargotier*.

Pourtant c'est bien là une première faute qui en entraînera d'autres peut-être ? Et alors, adieu bons conseils des parents ! Adieu esprit de famille ! Les mois s'écouleront, les lettres aux parents se feront plus rares, et un beau jour, le jeune ouvrier n'ayant pas plus de bons conseils que d'argent dans sa poche, ira, de porte en porte, dans les villages voisins solliciter quelques secours des habitants. On l'arrêtera comme vagabond, puisqu'il n'a rien sur lui qui indique *d'où* il vient et *qui* il est.

Voilà l'ouvrier tel qu'il est trop souvent de nos jours. Nous allons le dépeindre à présent tel qu'il sera plus tard.

---

1. C'est pour encourager cette stabilité que le Gouvernement a créé des récompenses sous forme de médailles. Il les décerne chaque année aux ouvriers qui sont dignes de cette faveur pour leurs longs et laborieux services.

XIII

Différence entre le jeune ouvrier actuel et celui de l'avenir par
la mise en pratique de notre Livret. — Son premier avantage
pécuniaire.

Rassurez-vous, honnête père de famille, votre enfant
n'aura pas à subir semblables épreuves, quand il sera
porteur de notre livret! Grâce à celui-ci, au contraire,
il sera protégé, et les liens de la famille se trouveront
resserrés! Vous pourrez donc envisager l'avenir avec
confiance.

Quand votre fils sera sorti d'apprentissage, vous irez
à la mairie lui chercher un livret qui vous sera délivré
gratuitement. Cette heure de la séparation, toujours si
pénible au cœur des pères qui voient leurs fils s'engager
dans l'inconnu, cette heure, disons-nous, se trouvera
bien adoucie et ce sera une véritable joie pour l'enfant
de songer que, chaque mois, il pourra envoyer aux
siens un message sous forme de coupon d'action. Vous
serez averti par lui que votre fils reste dans la bonne
voie : qu'il travaille et qu'il épargne, car tous les mois
en effet, jusqu'à la majorité de l'enfant, vous aurez le
droit de vous rendre chez le percepteur et de vous
assurer que la petite souche est bien arrivée. Proba-

blement qu'à vous se joindront quelques voisins, pères comme vous de jeunes ouvriers !

Que vos fils soient dispersés aux quatre coins de la France, ou qu'ils soient plus près de vous, les petites souches arriveront quand même chez le percepteur, tout comme le coupon d'action qui retourne toujours à son lieu d'origine ! De sorte qu'à l'exemple du Petit-Poucet qui, dit la légende, semait des petits cailloux pour retrouver sa route, votre fils sèmera des petits coupons qui lui serviront à marquer la sienne, à n'en jamais dévier, ou s'il a eu ce malheur, à y rentrer. En tous cas, il reste bien prouvé que si jamais ce jeune homme se trouvait sans travail, on ne pourrait plus l'arrêter comme s'étant rendu coupable du délit de vagabondage, attendu qu'on aurait sous les yeux la preuve du contraire. Bien plus, sachant qu'on se trouvera en présence d'un ouvrier honnête et travailleur, chacun se fera un plaisir de lui venir en aide.

Quant aux 3 % que vos fils verseront pour leur retraite, ils ne constitueront ni une charge ni une diminution de salaire. Un exemple suffira à le prouver.

Nous avons dit, dans les chapitres précédents, que le patron de l'avenir choisira de préférence à un autre l'ouvrier porteur du livret [1]. Cette préférence aura pour résultat d'épargner à ce dernier les journées infructueuses passées à la recherche de travail, d'où une éco-

---

1. Toutes les Chambres de commerce ont formé des vœux dans ce sens.

nomie de temps et partant d'argent, que nous évaluerons annuellement et en moyenne à 20 journées, à 4 fr. l'une, c'est-à-dire 80 fr.[1] Or, comme l'ouvrier dont il s'agit n'aura déboursé annuellement pour sa retraite que la modique somme de 36 fr., il aura encore un bénéfice de 44 fr.

Ce qui prouve le caractère individuel de ce livret, c'est que, seul, son véritable possesseur pourra en faire usage ; au cas où on le lui aurait dérobé, il n'aurait qu'à avertir le percepteur. Du reste, dès que l'usurpateur aura fait usage du livret volé, le petit coupon le désignera à la vindicte publique.

1. Les journées de chômage, dimanches et jours fériés, réduisent le salaire moyen à 100 fr. par mois pour l'ouvrier qui gagne 4 fr. par jour.

XIV

De la comparaison des Salaires des ouvriers. — Edmond About et
les Grèves.

Ce livret a l'avantage, nous le répétons, d'établir la
véritable statistique des salaires des ouvriers. On
n'aura qu'à prendre le livret de chaque corps de
métier pour se rendre compte par là de la différence
qui existe entre les salaires, de sorte qu'on pourra
mieux les équilibrer. Ainsi, en prenant dix livrets
d'ouvriers cordonniers, dix de chapeliers, dix de
tailleurs, etc., on se rendra compte que, les cordonniers ayant versé pour leur retraite une moyenne
de 3 fr., ils gagnent mensuellement 100 fr.; que
les chapeliers ayant versé 5 fr. ils gagnent mensuellement 170 fr. ; que les tailleurs ayant versé
4 fr. pour leur retraite, leur gain mensuel est de
140 fr., etc.

Étant donné ce qui précède, il sera facile d'établir
qu'au cas où les chapeliers désireraient se mettre en
grève, ils auraient tort, puisqu'ils gagnent davantage
que les autres.

« Supposez, dit Edmond About[1], qu'une grève bien
» conduite et bien soutenue ait doublé le prix de la

1. Edmond About : *ABC du Travailleur*, page 272.

» main-d'œuvre en faveur de tel ou tel corps de
» métier. Les cordonniers, par exemple, obtiendront
» de vendre 10 fr. le travail qu'ils font pour 5. Qu'en
» résultera-t-il ? Que le consommateur, c'est-à-dire tout
» le monde, payera les souliers plus cher. Or, les cha-
» peliers qui ne marchent pas pieds nus, et qui veulent
» avoir leur budget en équilibre, sentiront le besoin
» de gagner davantage, ayant plus à payer. Ils récla-
» ment et obtiennent une augmentation de salaire, et
» voilà la hausse des chapeaux qui suit immédiatement
» la hausse des souliers. Les tailleurs seraient bien
» naïfs s'ils se laissaient écorcher sans écorcher aussi
» leur monde, et de fil en aiguille l'augmentation des
» salaires industriels élève le prix de tous les produits
» manufacturés.

» Mais le paysan n'est pas plus sot que les gens de
» la ville ; lorsqu'il verra que ses vêtements, ses
» outils et toutes les marchandises qu'il consomme
» lui coûtent plus cher que par le passé, il ne livrera
» plus ni son blé, ni ses bœufs, ni sa laine, ni son
» vin, ni son chanvre au prix du bon vieux temps.
» Dès que les citadins lui vendent leur main-d'œuvre
» deux fois plus cher, pourquoi donc abandonnerait-
» il la sienne à vil prix [1] ?

. . . .

» La hausse des produits agricoles suivra de près
» la hausse des produits de fabrique.

1. Il faut attribuer à cette cause le protectionnisme réclamé par
l'agriculture. (*Note de l'auteur.*)

» Les serviteurs du public, c'est-à-dire les fonction-
» naires, s'apercevront bientôt qu'ils sont dupes : Je
» travaille autant que jamais, et je touche toujours le
» même traitement; mais la somme que je perçois ne
» me permet plus de vivre aussi bien, puisque tous
» les travailleurs, excepté moi, ont doublé le prix de
» leurs services. Je ne refuse pas de payer les autres
» plus cher, mais à charge de revanche.

» Rien de plus juste, on augmente tous les traite-
» ments, et le budget de 2 milliards s'élève à 4. Or,
» qui est-ce qui paye le budget ?

» Tout le monde.

. . . .

» En fin de compte, les cordonniers qui croyaient
» avoir remporté une belle victoire en doublant le
» taux du service qu'ils vendent, s'apercevront qu'ils
» ont doublé en même temps le prix de tous les ser-
» vices qu'ils achètent. »

Mais ce manque d'équilibre des salaires, qui fait supporter toutes les charges aux plus humbles, dispa-
raîtra avec l'emploi de notre livret, et l'on sait même
que, grâce à lui, on aura une base certaine en cas
d'*arbitrage*.

XV

L'éducation des ouvriers en Suisse. — Le nouveau Livret démasquera les faux ouvriers.

Il y a quelques années, nous eûmes l'occasion de faire un petit voyage en Suisse. Nous en profitâmes pour étudier sur place les mœurs des travailleurs de ce pays. Quelques amis obligeants nous facilitèrent cette tâche en nous donnant accès dans plusieurs Sociétés ouvrières.

Savez-vous, ami lecteur, ce qui nous émerveilla le plus? Ce fut d'entendre des ouvriers prononcer avec la plus grande facilité d'élocution comme avec la plus grande aisance, de véritables discours, empreints de leurs sentiments, de leurs idées, et des toasts tout à fait charmants.

En France, hélas! nous ne sommes pas encore arrivés à cette perfection d'éducation civique. Nos écoles ont trop négligé et négligent trop encore de développer chez l'enfant l'esprit d'initiative privée, le sentiment de sa propre valeur. On a, au contraire, laissé prendre cette place à des individus qui n'ont de l'ouvrier que le masque et qui s'en servent pour prêcher de fausses doctrines et pour se faire des rentes aux dépens de leurs auditeurs.

Notre livret fera heureusement tomber ce masque d'hypocrisie et d'ambition, attendu que, dans une assemblée, on n'écoutera que celui qui apportera la preuve palpable de son individualité, tandis qu'on n'accordera aucun crédit aux paroles d'un paresseux ou d'un flatteur cherchant à vivre aux dépens de ceux qui l'écoutent.

XVI

De la Protection du travail des ouvriers français contre celui des
étrangers. — De la Retraite des ouvriers étrangers et de leur
naturalisation.

Comme on le voit, notre livret permettra non seulement de distinguer le véritable ouvrier du faux, mais
encore il servira de point de comparaison et de lien
d'entente entre les ouvriers français et étrangers.

Est-ce en restreignant les devoirs de l'hospitalité
que nous obtiendrons ce résultat? Est-ce en les élar-
gissant? Telles sont les questions toutes d'actualité,
qui se posent à notre esprit, puisque trop souvent les
travailleurs français et étrangers sont aux prises.

« Est-il juste, disent les ouvriers français, que les
ouvriers belges jouissent des mêmes droits que nous?
Ont-ils les mêmes charges? Sacrifient-ils comme nous,
les trois plus belles années de leur jeunesse au service
de notre patrie, sans compter les périodes de 28 jours,
de 13 jours, etc.? Leur condition d'existence est-
elle la même que la nôtre? S'il y a une différence
réelle, à qui doit-elle profiter, sinon à nous?

» Nous souhaitons, nous voulons même être employés de préférence aux ouvriers belges, et c'est justice. »

Et les ouvriers belges de répondre : « Nous aussi, sommes fils d'un pays libre. Si chez vous nous avons moins de charges à supporter que vous, quand vous irez chez nous vous en aurez moins que nous; que l'hospitalité soit, dans les deux cas, aussi inviolable d'un côté que de l'autre. »

Loin de se rendre à de pareils arguments, l'ouvrier français qui ne voit dans l'ouvrier belge qu'un concurrent, se sert contre lui de procédés qui sont loin d'être calqués sur ceux de l'hospitalité écossaise.

Voilà les faits; cherchons maintenant à mettre tout le monde d'accord.

Nous avons dit que l'ouvrier porteur de notre livret serait employé de préférence par les patrons. Or, comme l'ouvrier étranger n'en sera pas muni, il se trouvera de fait, placé dans un état d'infériorité réel vis-à-vis de l'ouvrier français. Moins facilement que celui-ci, il pourra se procurer du travail.

Est-ce à dire que nous refuserons à celui-là ce certificat moral et cette perspective de bien-être que procure la retraite ! Loin de nous cette pensée égoïste. Il sera, au contraire, permis à l'ouvrier étranger de se procurer un livret, à condition qu'il élira domicile dans la ville ou le village même où il aura pris ledit livret.

Comme ses camarades français, il pourra effectuer ses versements de la manière indiquée au chapitre du mécanisme du livret.

Mais le jour où il voudrait jouir des droits de retraite attachés à la pension du livret, il serait obligé d'opter pour le pays où il aurait trouvé aide et protection, c'est-à-dire de se faire naturaliser[1]. De la sorte, il réparera le préjudice causé à ses camarades français, et s'il quittait la France, il devrait abandonner à la Caisse des retraites les versements déjà opérés par lui.

Ainsi l'individualisme servira de base à la solution de questions qui semblent être opposées les unes aux autres.

1. Les étrangers même viendront s'y habituer quand ils s'apercevront du bonheur de nos peuples et qu'ils y verront de la stabilité. — *Dime royale.* Vauban, page 129.

XVII

Critique sur le Socialisme d'État. — Une Économie annuelle de
30 millions facilement réalisée.

Déjà, de l'aveu de tous ceux qui s'occupent d'économie sociale, le socialisme d'État est le moins pratique de tous ; on pourrait même dire qu'il a fait son
temps. J'en prends à témoin les encouragements de
toutes sortes que le Gouvernement de la République
prodigue aux Sociétés de secours mutuels, aux Chambres syndicales, aux Caisses d'épargne, de retraites, etc.

Tout ceci est merveilleux. Dans tous les discours
que nous avons l'honneur et le plaisir d'écouter à l'occasion de nos concours régionaux, de nos inaugu-
rations de voies ferrées, de lycées ou autres, nous
entendons nos députés et nos ministres faire promesses
sur promesses. Puis, tout d'un coup, par exemple, les
Sociétés de secours mutuels apprennent qu'en fait
d'encouragement on va diminuer le taux de l'intérêt de
leurs dépôts des Caisses d'épargne ! Loin de nous la
pensée de critiquer celui qui a charge de bien gérer
nos finances. Pour lui, les chiffres sont là ; il ne doit
connaître qu'eux. Si nous voulons de bonne économie
politique, faisons de bonnes finances. Or, comme le
Ministre paye 3 fr. 75 ce qu'il peut avoir pour 2 fr. 90,
3 fr. au plus, sur trois milliards cinquante-deux mil-

lions que nous avons en dépôt[1], cela fait une différence de plus de 30 millions.

L'État éprouve donc une perte annuelle de plus de 30 millions.

Mais les Sociétés de secours mutuels n'entendent pas de cette oreille-là[2]! Aussi les réclamations pleuvent-elles de tous côtés? Que faire cependant? Le petit budget des ressources extraordinaires (dont M. Carnot avait demandé la suppression, lorsqu'il présidait la Commission budgétaire) est encore là! Il faut bien faire usage des capitaux! Et on les emploie effectivement à pas mal de choses! Puis vient un nouveau Ministre des finances, dont le premier soin est de combler le vide fait à la Caisse des dépôts et consignations. On fait un emprunt de 900 millions pour ne pas dire un milliard ; on donne sur cet emprunt un titre de 700 millions à la Caisse, et voilà nos finances consolidées pour un peu de temps.

C'est pour parer à ces inconvénients, qu'on cherche à diminuer l'intérêt de nos Caisses d'épargne, sans trop faire crier les intéressés. En l'occurrence, on ne saurait être trop politique, aussi convient-il de faire un cadeau splendide aux Sociétés de secours mutuels : on leur donnera un million ; au besoin, on leur aban-

1. Chiffre officiel. Voir la circulaire adressée aux directeurs des Caisses d'épargne (en date du 3 février 1892), par le Ministre du commerce.

2. Par sa circulaire en date du 3 février 1892, le Ministre du commerce dit aux directeurs des Caisses d'épargne : « Je tien-
» drais à connaître, d'une manière très précise, de quelle façon
» les déposants ont accueilli cette mesure !... »

donnera une part du produit de la vente des joyaux de la Couronne. En retour, cependant, les Ministres des finances qui se succéderont auront le droit de diminuer chaque année de 0 fr. 25 l'intérêt des dépôts de nos Caisses d'épargne, et cela sans porter la question à la tribune.

C'est ainsi que tout en prodiguant aux Sociétés de secours mutuels les marques du plus haut intérêt, on leur aura enlevé les ressources sur lesquelles elles comptaient.

Socialisme d'État, voilà bien de tes coups ! Ce que tu donnes d'une main aux classes laborieuses, de l'autre tu le leur retires ! Cependant, s'agit-il d'une grève ? Vite quelques députés orateurs viennent l'encourager de leurs conseils et de leur présence. Quelques interpellations à la Chambre font aussi très bien. On en use, sans tenir compte du temps précieux que l'on gaspille, pour arriver à quoi ? A l'éternel ordre du jour de... « Confiant en la sagesse du Gouvernement, etc., etc. »

S'agit-il d'une grève d'employés du Gouvernement, c'est autre chose ! Vite on envoie les instigateurs de la grève en Afrique ou ailleurs, car l'État entend maintenir la discipline chez lui. Quant à l'industriel, qu'il se débrouille ! Il lui faut lutter contre son prestige disparu, son autorité méconnue, contre des tracasseries de toutes sortes qui lui font trop souvent abandonner son industrie, et ce, au grand préjudice des travailleurs. Si la vie de l'ouvrier n'est pas couleur de rose, celle du patron ne l'est guère non plus.

XVIII

Comparaison entre le Socialisme d'État et le Socialisme
individuel.

D'après ce qui précède, nous remarquons que le
socialisme d'État n'est pas une création parfaite. Pour
quels motifs l'État assume-t-il alors une responsabilité
qui finira par le mettre en péril ? Le système de socialisme individuel que nous développons donnerait assu-
rément de bien meilleurs résultats.

D'un côté nous constatons que le premier a semé
la haine entre les patrons et les ouvriers, et de l'autre,
nous voyons que la solidarité les unit. Si, d'une part,
nous sommes témoins du profond découragement qui
envahit les ouvriers et les patrons, de l'autre nous
retrouvons l'encouragement et l'ardeur au travail. Si
nos enfants, à peine majeurs, sont laissés sans appui
et sans conseils au milieu de tous les dangers que présente la vie, nous offrons en revanche aux pères de
famille le pouvoir de surveiller leurs enfants, de les
diriger, de les conseiller.

XIX

Le Crédit agricole. — Les Banques agricoles en Allemagne, en Belgique, en Hongrie et en Autriche. — Services qu'elles rendent à l'Agriculture. — Les Ouvriers deviennent capitalistes.

Si nous avons pu voir dans un des paragraphes précédents que l'État paye aux Caisses d'épargne des intérêts supérieurs à ce qu'ils devraient être, et qu'en cherchant à les diminuer il mécontente les citoyens qui espéraient se créer quelques ressources pour l'avenir, nous allons, nous, de notre côté, créer une organisation qui pourra débarrasser l'État de sa lourde responsabilité et être agréable aux ouvriers et aux agriculteurs.

Nous voulons parler de la fondation du Crédit agricole qu'on a tant promise et jamais réalisée.

Cependant il serait temps que l'on y songe.

La France qui a toujours tenu la tête de la civilisation s'est laissé dépasser sous ce rapport.

C'est ainsi qu'il existe en Allemagne plus de 3,000 banques, dont 2,000 du système Schultz avec près de 1,200 millions de francs, et 1,000 à 1,100 du système Raiffeisen dont le chiffre n'est pas bien connu;

En Belgique, 20 banques populaires ayant en dépôt 7 à 8 millions de francs;

En Hongrie, 530 avec 50 millions de dépôts; en Autriche, près de 1,500 avec 550 millions de dépôts.

On ne peut donc ignorer que ces Caisses rendent d'éminents services par des prêts sagement ménagés, aux agriculteurs.

Pour nous en convaincre davantage, laissons parler à ce sujet M. Baudrillart qui, dans un article sur le Crédit agricole, paru dans la *Revue des Deux-Mondes* du 1er juillet 1891, disait :

« N'a-t-on pas nié aussi jusqu'à l'utilité du crédit
» pour l'agriculture, où, dit-on, il ne trouverait pas
» sa place, comme s'il y avait une industrie quel-
» conque faisant des achats et des ventes qui n'eût
» besoin de quelque crédit? Il n'en est aucune à
» laquelle il ne soit nécessaire, pour mener à bien une
» entreprise, continuer les affaires courantes, pour
» qu'on ne soit pas obligé de vendre avec précipi-
» tation au lieu d'attendre l'occasion favorable?

» Qu'est-ce donc, si on se rapporte aux circons-
» tances actuelles? A entendre certaines personnes on
» serait tenté de croire au temps de l'agriculture pa-
» triarcale; elles tiennent un langage qui aurait été à
» peine acceptable quand il n'y avait ni voies de com-
» munication, ni échange de produits hors du rayon
» le plus limité, ni machines, ni méthodes perfec-
» tionnées. Aujourd'hui, tous ces instruments de
» progrès existent; ils influent sur la production du
» sol et non moins sur les relations des hommes entre
» eux. C'est une situation vraiment nouvelle, nous

» n'exagérons rien, en affirmant que les sciences ap-
» pliquées à l'agriculture sont en train d'opérer une
» de ces révolutions silencieuses, qui, pour n'avoir
» pas l'éclat de celles qui se produisent sur la scène
» politique, ne sont pas moins profondes, et sont plus
» certainement profitables.

. . . .

» La culture maraîchère par exemple, qui est faite par
» de petits cultivateurs, achète une masse énorme
» d'engrais et fait une quantité considérable d'achats
» et de ventes. Il faut en dire autant de l'horticulture,
» et de la viticulture. Il en est de même des autres
» petits cultivateurs ou au moins d'un très grand nom-
» bre d'entre eux, qui ont besoin d'avances pour ache-
» ter des instruments, du bétail et ces mêmes engrais
» chimiques dont l'action est si rapide et si énergique.

. . . .

» Toutes ces opérations rapprochent l'agriculteur de
» l'industriel et du commerçant. Qu'elles ne suffi-
» sent pas à le confondre absolument avec eux au
» point de vue du crédit, nous n'y contredisons pas,
» mais les différences se sont amoindries. Il y a des
» affaires agricoles. »

L'agriculture étant une affaire, c'est un non sens
que de refuser systématiquement à celui qui travaille
la terre, à l'aide de ses capitaux, les facultés légales de
crédit qu'on accorde à un fabricant, toutes réserves
faites en faveur de quelques ménagements dans l'application.

On ne peut qu'approuver aussi ce que dit l'auteur d'un livre instructif sur le crédit agricole en Allemagne, M. E. Le Barbier, ingénieur et agronome :

« L'agriculteur est un industriel qui, à l'aide
» d'éléments chimiques qu'il exploite et de machines,
» les unes animées, les autres inanimées, fabrique du
» blé, de la viande, des fruits, des légumes, etc.
» Pourquoi refuser à celui qui vend les bœufs les
» avantages que vous concédez sans discuter à celui
» qui vend de la viande? Pourquoi retirer à celui qui
» vend le blé des droits que vous reconnaissez à celui
» qui vend le pain? Pourquoi celui qui élève des
» moutons et fabrique la laine, ne serait-il pas l'égal
» de celui qui la transforme en vêtements et de celui
» qui vend ces vêtements? »

Aussi, bien pénétrés nous-mêmes, de la vérité de ces paroles si sages, avons-nous inscrit dans notre système économique un axiome qui a son prix : nous voulons faire de l'ouvrier le capitaliste de l'agriculture.

XX

Les Ouvriers versent annuellement un minimum de 144 millions
au profit du Crédit agricole. — De la fondation du Crédit
agricole et viager. — Le Billet hypothécaire en Autriche. — Il
préserve de la ruine le petit cultivateur.

La population de la France est, comme chacun sait,
de 37 millions d'habitants. Un jour viendra, — et il est
prochain, — où, sur une population de 25,000 âmes,
le *sixième*, c'est-à-dire 4,000 ouvriers ou petits com-
merçants songeront à assurer le pain de leurs vieux
jours. Si donc nous prenons seulement le *neuvième* de
la totalité des Français, nous arrivons au chiffre de
4 millions d'ouvriers, lesquels gagnant, en moyenne,
4 fr. par jour, produisent pour cette durée, c'est-à-dire
par jour, un capital de 16 millions de francs, soit, pour
300 jours, la somme énorme de *4 milliards 800 millions*. Si ces ouvriers versent 3 % sur leur salaire, de
la manière que nous avons indiquée précédemment,
ils réuniront annuellement et au bas mot une somme
de 144 millions de francs.

C'est avez ce capital que nous fonderons le Crédit
agricole et viager : *Crédit agricole* puisqu'il servira à
prêter des capitaux aux agriculteurs, *Crédit viager*
puisque les intérêts des capitaux déposés seront em-

ployés à la retraite des ouvriers. Cette institution démontrera une fois de plus la solidarité qui relie l'agriculture au commerce et à l'industrie, le patron à l'ouvrier. Mais il est évident qu'elle n'est réalisable qu'autant que les capitaux ouvriers jouiront d'une sécurité parfaite et que ceux qui les leur garantiront ne seront pas eux-mêmes exposés à des pertes.

Notre Crédit agricole et viager n'a du reste rien d'étrange dans sa conception. Ce sera une banque faite à l'image de Crédit Foncier, actuellement existant, et, comme ce dernier, il aura à sa tête un gouverneur nommé par l'État. Cette caisse nouvelle centralisera tous les capitaux versés par les ouvriers entre les mains des percepteurs, et elle sera en correspondance avec tous les Syndicats agricoles qu'elle aura reconnus. Quant à ceux-ci, ils ne pourront jouir du crédit qu'on leur accordera qu'à condition que tous leurs membres soient solidairement responsables des prêts faits à eux. De la sorte, le Crédit agricole n'aura pas directement recours à l'emprunteur, ce qui facilitera pour lui la bonne gestion de ses finances, tout en ne lui ôtant rien de son prestige.

Comme les membres du Syndicat agricole seront tous solidaires, leur responsabilité ne sera pas engagée pour cela, attendu qu'ils seront garantis par le *billet hypothécaire*, imaginé par un Français et adopté depuis longtemps par l'Autriche. Aussi, est-ce là le système de prêts des banques agricoles autrichiennes (le plus en rapport avec les *desiderata* des classes agricoles et ouvrières françaises) que nous préconiserons.

Nous n'aurons qu'à leur faire subir quelques changements pour les adapter à l'esprit français. Il est à remarquer que les classes laborieuses autrichiennes, même au milieu du trouble profond des pays voisins, sont restées en grande partie rebelles aux théories perturbatrices.

Ainsi nous avons dit que les membres des Syndicats agricoles seront solidairement responsables envers le *Crédit agricole et viager* des sommes qu'ils lui auront empruntées.

Cependant, au moyen du billet hypothécaire qu'on n'a pas su adopter en France, la responsabilité de ces Syndicats est absolument atténuée. Il est à remarquer que chaque fois qu'un petit cultivateur a besoin de capitaux, il est obligé de s'adresser à de petits banquiers qui lui prêtent à un taux dont la terre ne peut supporter la charge. Aussi voyons-nous notre agriculture stationnaire et ne rendant pas tout ce qu'elle pourrait donner. Un agriculteur a beau avoir quelque propriété, il est très rare qu'on consente à lui ouvrir un crédit dans des banques de certaine importance. Il lui faut donc consentir à signer une obligation chez un notaire, les frais joints à ceux du change, de la commission de banque, d'enregistrement, de renouvellement, empêchent l'agriculteur de faire honneur à ses affaires.

Combien plus, il serait préférable qu'un cultivateur possédât un billet hypothécaire délivré par le bureau des hypothèques ! Il le remettrait à son Syndicat chaque fois qu'il emprunterait.

De cette manière, le Syndicat serait garanti et l'agriculteur trouverait à emprunter à bien meilleur marché.

Il pourrait ainsi acheter à bien meilleur compte les outils dont il aurait besoin et les mille et autres produits que lui offre l'industrie. — Et qui fabrique ces produits? Les ouvriers.

Les ouvriers seront donc bien des capitalistes, puisque leurs capitaux viendront aider l'agriculture.

En facilitant le crédit au petit cultivateur, celui-ci fera rendre à la terre tout ce qu'elle peut donner, et gagnant plus consommera aussi davantage de produits manufacturés.

XXI

Création effective de la Solidarité entre les ouvriers, les agriculteurs et les industriels. — Une Retraite facile de 500 fr. en
faveur des ouvriers. — De la création d'honorables Maisons
de retraites.

La solidarité dont nous parlions au commencement
de cette étude est par conséquent passée de l'idéal à la
réalité, et il ressort très clairement de tout ceci que
nous avons fait de l'ouvrier un véritable capitaliste.

En vain chercherait-on désormais à faire croire à cet
ouvrier des théories déraisonnables ; ce temps n'est
plus, car désormais nous aurons donné au prolétaire le
bien-être et la sécurité, puisque ses capitaux lui accor-
deront une retraite de 500 fr. [1] par an, qui mettra sa
vieillesse honorablement à l'abri du besoin.

Certes, nous n'avons pas la prétention de croire que
notre projet ne rencontrera pas d'adversaires ; mais,
quoi qu'on en dise, il résulte des nombreuses enquêtes
que nous avons faites qu'un grand nombre de patrons

1. Il résulte d'une étude remarquable intitulée : *Le Travail
ancien et le Travail moderne*, par J.-B. Gauthier, qu'un place-
ment de 0.10 par jour, soit 36 fr. par an, provenant d'économies,
suffit pour assurer une rente de 500 fr. à l'âge où la retraite a
sonné pour le travailleur.

ne demanderaient pas mieux qu'on établît d'honorables maisons de retraite. Bien peu de ces patrons se dispenseraient de contribuer à l'entretien desdites maisons, au contraire. A l'exemple des hôpitaux qui reçoivent des dons de généreux bienfaiteurs, les patrons ayant eu des ouvriers stables, se feront un devoir d'apporter leur offrande à la Caisse des maisons de retraite de la ville qu'ils habitent.

Ils seront encouragés à accomplir cet acte de haute solidarité par l'adoption de notre livret, attendu que les maisons de retraite ne seront occupées que par les ouvriers ayant pris leur livret dans cette même ville et qui seront par conséquent leurs concitoyens.

XXII

Victoire de l'Individualisme sur les autres systèmes de socialisme. — Douze années d'enquête. — Glorification du travail.

Si notre livret offre de grands et beaux avantages, il résout aussi bien des questions jusqu'alors insolubles. En dépit de toutes ces considérations nous n'avons pas la prétention de voir notre livret accepté sans protestation par ceux qui ont intérêt à cacher leur individualité ou à pêcher en eau trouble. A ceux-là, nous répondrons que s'ils revendiquent la liberté pour eux, ils doivent la respecter pour les autres. Comme ce socialisme individuel ne laisse à l'État qu'un rôle effacé, rien n'empêchera nos contradicteurs de continuer leur versement à la Caisse des retraites actuelle, si toutefois ils ont l'habitude de le faire. Les deux systèmes pouvant marcher de front, car nous ne craignons pas la comparaison, on verra de quel côté penchera la balance.

Quant à nous, depuis bientôt douze années que nous nous livrons à de nombreuses enquêtes, que nous établissons la monographie de nombreuses familles appartenant à tous les degrés de l'échelle sociale, nous ne cesserons de répéter cette vérité si simple, que c'est par le travail seul que les individus et les nations prospèrent, et c'est par le travail seul que l'homme peut s'élever.

XXIII

Nouvelle Organisation mieux en rapport avec les désirs de tous les
citoyens. — Vœux en faveur de l'adoption de la nouvelle
organisation. — Base sur laquelle ils s'appuient. — Paroles de
Vauban à méditer.

Il reste aux hommes qui ont mission de gouverner
notre belle France une noble tâche à accomplir, c'est
de mettre un terme au profond découragement qui
envahit chaque jour davantage les classes laborieuses.

Si jusque-là nous nous sommes débattus contre
quantité de doctrines funestes, nous aurons du moins
la consolation de léguer à nos petits-enfants une organisation sociale renouvelée, qui les préservera de la
misère dans laquelle de nos jours est encore plongé
l'ouvrier.

Il ne sera pas dit que ceux qui auront contribué par
leur travail au développement de la vapeur, de l'élec-
tricité et de tant d'autres découvertes admirables, il
ne sera pas dit que ceux-là iront périr misérablement
dans des hospices de charité, ou qu'ils seront à la
charge de leurs familles, ou se donneront la mort pour
éviter de demander l'aumône.

Il ne sera pas dit que ces hommes, auxquels on a
fait attendre si longtemps les réformes promises, finiront

de désespoir par se livrer à des actes que réprouvent la morale et l'humanité !

Nous ne voulons pas que la génération future nous adresse les mêmes reproches que Vauban faisait à Louis XIV, quand dans sa *Dîme royale* il lui dévoilait l'état de misère extrême dans lequel se trouvaient l'ouvrier et le paysan de son siècle.

« Il n'est pas possible, disait Vauban, que le corps
» humain puisse souffrir lésion en ses membres sans
» que la tête en souffre. On peut donc dire qu'il est
» ainsi du corps politique et que si le mal ne se porte
» pas si promptement jusqu'au chef, c'est qu'il est de
» la nature des gangrènes, qui gagnent peu à peu,
» chemin faisant, toutes les parties du corps qu'elles
» affectent, jusqu'à ce que, s'étant approchées du
» cœur, elles achèvent de le tuer. »

Notre tableau n'est pas aussi pessimiste que celui de Vauban ! Aussi nous espérons que notre œuvre n'aura pas le triste sort de la *Dîme royale*, et que la République, touchante antithèse de Louis XIV, ne nous disgraciera pas pour avoir voulu, en lui faisant toucher du doigt le mal, lui exposer les résultats certains d'un remède, sinon radical, du moins des plus efficaces.

FIN

Chalon-sur-Saône, imprimerie de L. Marceau.